BEI GRIN MACHT SICH IHR
WISSEN BEZAHLT

Jan C. Etscheid

Der internationale Strafgerichtshof für das ehemalige Jugoslawien

Der ICTY aus der Sicht Serbiens, Kroatiens und der internationalen Gemeinschaft

GRIN Verlag

Bibliografische Information der Deutschen Nationalbibliothek:

Die Deutsche Bibliothek verzeichnet diese Publikation in der Deutschen National-
bibliografie; detaillierte bibliografische Daten sind im Internet über http://dnb.d-
nb.de/ abrufbar.

Impressum:

Copyright © 2013 GRIN Verlag GmbH
Druck und Bindung: Books on Demand GmbH, Norderstedt Germany
ISBN: 978-3-656-57537-5

GRIN - Your knowledge has value

Der GRIN Verlag publiziert seit 1998 wissenschaftliche Arbeiten von Studenten, Hochschullehrern und anderen Akademikern als eBook und gedrucktes Buch. Die Verlagswebsite www.grin.com ist die ideale Plattform zur Veröffentlichung von Hausarbeiten, Abschlussarbeiten, wissenschaftlichen Aufsätzen, Dissertationen und Fachbüchern.

Besuchen Sie uns im Internet:

http://www.grin.com/

http://www.facebook.com/grincom

http://www.twitter.com/grin_com

Jan C. Etscheid

Der internationale Strafgerichtshof für das ehemalige Jugoslawien

Eine Bewertung aus der Sicht Serbiens, Kroatiens und der internationalen
Gemeinschaft

"Der Internationale Staatsgerichtshof für das ehemalige Jugoslawien wurde geschaffen, um Verbrechen in den Balkankriegen der 1990er Jahre zu verfolgen. Wie ist seine Tätigkeit aus serbischer, kroatischer und aus Sicht der internationalen Gemeinschaft zu beurteilen? Hat er zur Schaffung von Gerechtigkeit und Aussöhnung zwischen den Völkern beigetragen?"

Vermerk vorgelegt von:
Jan C. Etscheid
Am 29.11.2013
Seminar: Die Außenpolitik Serbiens und Kroatiens
Universität Passau

Inhaltsverzeichnis

2

Der ICTY

Seit der ICTY wurde am 25.05.1993 durch die Resolution 827 des UN-Sicherheitsrats gegründet wurde, gibt es keine einhellige Meinung über die Erforderlichkeit, Rechtsmäßigkeit und den Erfolg des Tribunals (Oellers-Frahm, 14). Als Fakten kann jedoch festgehalten werden, dass bis zum heutigen Tag von 161 Angeklagten 133 Angeklagte freiwillig oder erzwungenermaßen in Den Haag erschienen sind. Da die übrigen 28 Anklagen inzwischen fallen gelassen wurden, ist die Arbeit des Gerichtshofs fast beendet. Aktuell laufen noch die letzten Berufungsverfahren. Im folgenden möchte ich die Bewertung der Arbeit des ICTY aus der Sicht Serbiens, Kroatiens und der westlichen Staaten darstellen.

Sicht Serbiens

Serbien zweifelte direkt zu Beginn die Legitimität der Einsetzung des ICTY an. Das Kapitel VII der UN-Charta würde das Tribunal weder rechtfertigen noch sei es Aufgabe der internationalen Gemeinschaft die Kriegsverbrechen zu ahnden(Oellers-Frahm, 13). Als Argument wurde dabei auch immer wieder vorgebracht, dass die USA nicht mit dem ICC zusammenarbeiten würden, jedoch nun eine Zusammenarbeit Serbiens mit dem ICTY einfordern. Dieser Eingriff in die Souveränität rief in Serbien großes Misstrauen hervor, da die Urteile gegen Serbien auch zumeist härter ausfielen als gegen bosnische oder kroatische Angeklagte(Ambos 2012). Dadurch verstärke sich der serbische Eindruck, die internationale Gemeinschaft stünde nur auf der Seite Kroatiens und würde in Form einer Siegerjustiz Serbien bestrafen(Von Braun 2007, 151). Daraus resultierte eine ablehnende Blockadehaltung Serbiens, das Auslieferungen verhinderte oder verzögerte, die Herausgabe von Beweismaterialien verweigerte und unabhängige Inspektoren die Einreise nicht gestattete. Ein wesentlicher Punkt ist hierbei auch, dass die ehemaligen Generäle noch heute als Helden und nicht als Kriegsverbrecher gesehen werden, sodass jede Bestrafung als ungerecht angesehen wird.
Bedingt durch die fehlende Zusammenarbeit konnten auch die an Serben begangenen Verbrechen schlecht untersucht werden. Erst als im Jahr 2000 durch die Chefanklägerin de Ponte öffentlich betont wurde, dass auch Kroaten und Bosniaken Verbrechen begangen hatten, arbeitet Serbien stärker mit dem ICTY zusammen. Diese Zusammenarbeit basierte allerdings nicht auf Überzeugung, sondern lediglich auf Druck von Außen. Dass man letztlich auch ehemalige Führer wie Mladic ausliefern musste, lag vor allem an dem Druck durch die Verhandlungen über den möglichen EU-Beitritt Serbiens, in welchem sich Serbien in der Kosovo-Frage einen größeren Spielraum bewahren wollte und daher Zugeständnisse machen musste(Bohnet/Nijhof 2012, 3). Bis heute ist in weiten Teilen der serbischen Bevölkerung der ICTY weder gewünscht noch akzeptiert, man setzt eher auf Polarisierung statt Dialog und fühlt sich als Opfer der westlichen Staaten(Kovacevic-Vuco 2009).

Sicht Kroatiens

Kroatien setzte zu Beginn große Hoffnungen in die Einsetzung des ICTY, vor allem da man sich eine Bestätigung der Rolle als Opfer erhoffte. Daher verabschiedete Kroatien zu Beginn als einziger Staat ein Gesetz, das die Zusammenarbeit mit dem ICTY regelte. Diese Hoffnungen erfüllten sich zunächst auch durch die Konzentration des Tribunals auf die serbischen Verbrechen. Jedoch wandelte sich das Bild in Kroatien schnell. Durch die im angelsächsischen Gerichtswesen üblichen Kreuzverhöre, unzureichenden Schutz der Zeugen und Anklagen gegen Kroaten sah sich Kroatien nicht mehr ausreichend als Opfer geschützt sondern eher als Täter behandelt(Steinke 2011).
Ähnlich wie in Serbien werden auch in Kroatien die ehemaligen Offiziere wie Gotovina als Helden verehrt, weshalb man der Anklage mit Unverständnis begegnete. Bedingt durch diese Ereignisse begann auch Kroatien die Verfahren zu verschleppen und die Unterstützung einzuschränken(Poschmann 2012). Erst als die EU 2005 die Beitrittsverhandlungen nicht aufnahm, nahm Kroatien wieder die vollständige Zusammenarbeit mit dem ICTY auf. Diese von vielen Kroaten als Erpressung wahrgenommene Taktik der EU verschlechterte abermals die Wahrnehmung in der Öffentlichkeit. Auch die Tatsache, dass Kroatien mit der NATO kämpfte, aber nur Kroaten und keine NATO-Soldaten angeklagt werden, trug nicht zu einer breiten Akzeptanz bei. Kroatiens Unterstützung wurde mehr und mehr von Zwang und weniger von Überzeugung abhängig.
Grundsätzlich steht aber Kroatien anders als Serbien der Idee des ICTY positiv gegenüber, da man die Serben als Aggressoren zur Verantwortung ziehen müsse.

Sicht der internationalen Gemeinschaft

Mit der Einsetzung des ICTY verfolgte die UN im wesentlichen drei Ziele.
Erstens sollte die Schuld für Kriegsverbrechen individuell einzelnen Personen zugewiesen werden. Dadurch sollten die kollektiven Feindbilder „der Serben" oder „der Kroaten" durchbrochen werden(Calic, 19). Doch obwohl Einzelpersonen sich inzwischen verantworten mussten, sind die Feindbilder nicht verschwunden, was sicherlich auch mit dem Heldenstatus von Mladic oder Gotovina zu tun hat. Was man jedoch sicherlich erreicht hat ist die Erfüllung einer gewissen Verantwortung gegenüber den Opfern.
Eng damit zusammenhängend war das zweite Ziel der Aufbau einer Friedensgesellschaft. Dafür sollen die Ereignisse der Vergangenheit klar aufgearbeitet und eine gemeinsame Vergangenheit konstruiert werden(Celic, 24). Durch eine unabhängige, internationale Beweisaufnahme erhoffte man sich hierfür eine Grundlage zu schaffen und die nationalen Mythen einzudämmen(Von Braun 2007, 149). Bisher beharren zwar die Staaten auf ihren Opferrollen, jedoch ist das Fundament für die Zukunft gelegt.
Drittes großes Ziel war eine Prävention gegen weitere Verbrechen. Führende Militärs und Warlords sollten von Kriegsverbrechen abgeschreckt werden indem sie sich einer persönlichen Verantwortung bewusst sind(ebd.). Jedoch ist diese Wirkung zumindest in den Jugoslawienkriegen verfehlt worden, wie das Massaker von Srebrenica zeigt, das nach der Einrichtung des ICTY begangen wurde. Es ist jedoch möglich, dass die Prozesse wie gegen Milosevic eine Abschreckung in künftigen Konflikten haben werden.

Fazit

Die Arbeit des ICTY muss generell differenziert betrachtet werden. Einerseits ist es als Erfolg anzusehen, dass sich die verantwortlichen Kriegsverbrecher einem fairen Verfahren stellen mussten. Ebenso ist auch das Bewusstwerden von Verbrechen in der Bevölkerung ein Erfolg des Tribunals (Celic, 22).

Dies kann jedoch nicht darüber hinwegtäuschen, dass die Urteile bislang wenig zu einer Aussöhnung der ehemaligen Kriegsparteien beigetragen haben. Ein Grund für das scheitern dieser Top-Down Aussöhnung ist sicherlich auch die schlechte Kommunikation des Gerichts mit den Bürgern der betroffenen Staaten, wie z.B. keine Bereitstellung von Gerichtsunterlagen in Landessprachen und fehlende Aufklärung über die Arbeit des ICTY(Von Braun 2007,152).

So entwickelte sich nach der Enttäuschung über nicht erfüllte, teils unrealistische Hoffnungen, eine nationalistische Tendenz. Allerdings ist durch die Urteile ein Fundament für ein friedliches Miteinander geschaffen worden, das auch von den kommenden Generationen genutzt werden kann(Kovacevic-Vuco 2009). Denn wie der Blick auf andere Konflikte zeigt, sind nicht direkt betroffene Generationen wesentlich offener auch Schuld anzuerkennen, weshalb langfristig eine Aussöhnung durchaus als realistisch anzusehen ist.

Literaturverzeichnis

Bohnet, H., & Nijhof, I. (20. 06 2012). *Vergangenheitsaufarbeitung in Ser- bien: Chancen und Hindernisse.* Abgerufen am 26. 11 2013 von kas.de: http://www.kas.de/wf/doc/kas_31404-1522-1-30.pdf?120621181233

Dr. Calic, M.-J. (1999). Kriegsverbrecher vor Gericht - eine Friedensaufgabe. *Kriegsverbrecher vor Gericht. Das Haager UN-Tribunal für Ex-Jugoslawien - Seine Möglichkeiten und Grenzen-,* (S. 19-24).

Dr. Krause, C. C. (27. 02 2007). *Enttäuschung in Bosnien-Herzogowina - Erleichterung in Serbien. Entscheidung im Völkermord-Prozess gegen Serbien.* Abgerufen am 25. 11 2013 von kas.de: http://www.kas.de/wf/doc/kas_10295-1522-15-30.pdf?070305144228

Dr. Oellers-Frahm, K. (1999). Internationale Strafgerichtsbarkeit aus völkerrechtlicher Sicht am Bsp. des Haager Kriegsverbrecher-Tribunals. *Kriegsverbrecher vor Gericht. Das Haager UN-Tribunal für Ex-Jugoslawien - Seine Möglichkeiten und Grenzen-,* (S. 12-18).

Jeppsen, H. (11. 09 2013). *Kritik am Jugoslawien-Tribunal.* Abgerufen am 25. 09 2013 von dw.de: http://www.zeit.de/politik/ausland/2012-11/Kroatien-Serbien-Gotovina-Urteil-Kriegsverbrechen

Justus, V. D. (26. 11 2012). *zeit.de.* Abgerufen am 26. 11 2013 von Die Serben waren nun mal der Aggressor: http://www.zeit.de/politik/ausland/2012-11/Kroatien-Serbien-Gotovina-Urteil-Kriegsverbrechen

Kovacevic-Vuco, B. (09. 11 2009). Fünf Fragen zu: Aufarbeitung in Serbien. (T. Brey, Interviewer, & bpb, Herausgeber)

Poschmann, L. (21. 01 2012). *Vor EU-Referendum: Kroatien verschleppt Aufarbeitung von Kriegsverbrechen.* Abgerufen am 26. 11 2013 von spiegel-online.de: http://www.spiegel.de/politik/ausland/vor-eu-referendum-kroatien-verschleppt-aufarbeitung-von-kriegsverbrechen-a-810181.html

Rathefelder, E. (27. 06 2011). *Aunehmen und aufarbeiten.* Abgerufen am 26. 11 2013 von taz.de: http://www.taz.de/!73304/

Richter, S. (07 2009). *http://www.swp-berlin.org/fileadmin/contents/products/studien/2009_S19_rsv_ks.pdf.* Abgerufen am 27. 11 2013 von swp-berlin.org: http://www.swp-berlin.org/fileadmin/contents/products/studien/2009_S19_rsv_ks.pdf

Steinke, R. (19. 07 2011). *Aus schwarz und weiß wird grau.* Abgerufen am 24. 11 2013 von sz.de: http://www.sueddeutsche.de/kultur/jugoslawien-tribunal-in-den-haag-aus-schwarz-und-weiss-wird-grau-1.1126113

Von Braun, L. (2007). *Der Strafgerichtshof für das ehemalige Jugoslawien. Mehr Errungenschaften als Versäumnisse.* (Z. f. Sonderorganisationen, Hrsg.) Abgerufen am 26. 11 2013 von dgvn.de: http://www.dgvn.de/fileadmin/user_upload/PUBLIKATIONEN/Zeitschrift_VN/VN_2007/2007/VN_4-07_web.pdf